Guitar

AMPLIFIER
BASS
BODY
BRIDGE
CHORDS
CUT AWAY
NECK
NOTES
PICK
SOUNDHOLE
STRIKE PLATE
STRINGS
STRUM
TUNING
WOOD

B	Y	H	M	U	R	T	S	W	X	H	Q	X	W	O	L	V	O	O	S
B	W	S	G	E	E	Y	L	V	F	W	B	R	I	D	G	E	B	D	P
S	V	O	S	K	S	J	S	P	R	W	M	I	K	X	Y	D	R	A	K
H	L	D	Y	Z	Z	B	F	Y	Q	C	C	A	V	S	X	O	C	I	V
B	C	E	W	M	F	W	U	W	U	B	M	S	F	L	H	Y	U	D	P
W	O	T	I	M	L	B	M	P	W	Q	P	M	V	C	Q	A	H	A	Y
H	C	P	R	T	D	E	E	L	W	E	K	X	O	B	P	W	K	M	I
F	T	C	S	P	T	U	Z	P	E	Z	D	H	I	F	V	A	C	P	L
G	E	R	O	Y	C	L	S	O	E	L	B	O	X	C	S		I	L	I
P	A	D	P	X	E	G	G	R	I	U	O	R	D	E	A	T	P	I	W
D	R	J	Y	Q	N	K	J	A	J	C	H	H	N	O	O	U	F	F	X
X	X	Q	O	I	H	E	K	Q	X	G	Z	M	D	N	J	C	T	I	H
Z	H	N	R	H	Y	W	C	N	D	B	Y	F	Z	N	O	U	M	E	P
R	R	T	D	D	X	T	E	G	N	M	P	Z	A	L	U	T	S	R	R
X	S	A	G	C	D	A	N	Z	H	Q	I	J	U	W	S	O	E	S	J
H	K	G	N	I	N	U	T	E	I	P	I	I	G	W	N	T	S	S	T
B	R	Z	W	C	K	K	A	B	O	D	Y	F	T	R	I	O	R	A	K
E	T	A	L	P		E	K	I	R	T	S	N	U	O	Z	K	V	B	D
H	P	W	C	D	W	O	O	D	J	P	T	J	P	K	G	X	P	R	M
H	J	L	R	D	N	S	V	T	X	X	V	L	I	O	J	Y	Y	K	K

Flute

BARREL
BODY
CROWN
EMBROUCHURE HOLE
FOOT JOINT
GIZMO KEY
LIP PLATE
OPEN HOLES
RISER
TENON
Y - ARM

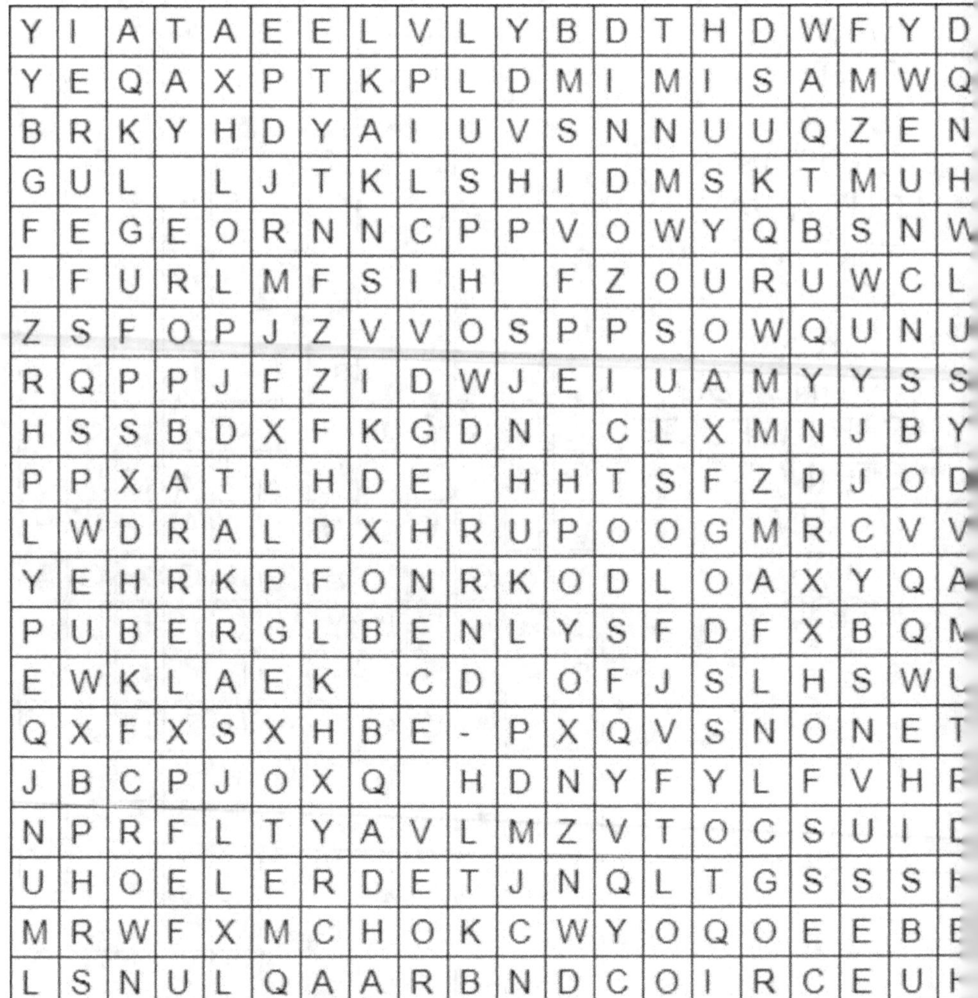

Clarinet

BARREL
BELL
CORK
KEYS
LIGATURE
LOWER TUBE
MOUTHPIECE
REED
THUMBREST
TONE HOLES
UPPER TUBE

M	S	X	F	C	N	Y	R	R	S	N	U	Z	G	U	F	W	L	Z	I
B	E	G	E	O	Z	E	F	R	M	L	W	W	U	D	X	V	B	L	F
O	L	P	V	B	E	P	L	E	C	E	I	P	H	T	U	O	M	I	R
P	O	Z	W	D	U	G	V	Q	U	Q	N	R	T	P	S	N	R	N	P
B	H	C	V	Y	K	T	X	D	E	J	A	H	L	E	R	R	A	B	W
D		S	P	Y	W	J		G	V	G	Q	F	B	D	Q	F	C	M	T
S	E	X	B	F	N	J	N	R	T	F	C	S	B	M	P	S	Y	E	K
M	N	U	J	Y	D	R	V	D	E	L	R	J	L	L	W	T	U	T	R
B	O	S	P	H	K	U	Y	F	G	W	K	C	E	L	D	D	E	E	Q
O	T	J	G	G	Y	V	X	P	L	J	O	V	C	E	N	T	Z	L	K
Q	J	W	I	C	L	Z	L	T	X	G	T	L	Y	B	H	O	E	G	G
F	K	M	L	D	I	X	S	S	Z	K	C	C	T	Q	D	S	S	M	V
I	I	M	K	V	G	M	B	O	E	Q	D	U	Q	V	H	O	O	Y	Z
N	L	E	P	C	A	O	J	R	E	Q	P	F	P	C	J	Y	X	S	A
R	K	Y	C	J	T	T	S	E	R	B	M	U	H	T	N	C	V	P	L
G	M	R	C	P	U	U	S	Z	U	P	P	E	R		T	U	B	E	J
E	S	J	O	V	R	M	V	W	Y	P	K	O	S	H	X	J	V	O	H
B	L	C	Q	C	E	M	G	Y	X	K	S	N	Z	L	W	D	Z	U	E
I	E	E	C	F	L	Y	S	H	X	D	J	C	G	A	M	R	N	H	N
G	D	W	O	L	E	K	P	Y	S	P	H	D	E	N	J	C	Y	F	R

Trombone

BELL
BELL TUBE
BRACE
F LEVER
F ROTARY VALVE
FERRULE
MOUTHPIECE
SLIDE LOCK
TUNING SLIDE
WATER KEY

Drum Kit

BASS DRUM
BASS PEDAL
CRASH CYMBAL
FLOOR TOM
HI - HAT
HIGH TOM
MEDIUM TOM
RIDE CYMBAL
SNARE DRUM
STOOL

W	S	J	L	H	Z	P	C	F	P	E	V	V	M	O	B	E	O	K	W
C	G	Z	E	N	Z	L	A	B	M	Y	C		H	S	A	R	C	J	W
L	U	Y	S	P	T	Q	P	L	S	O	Y	Z	F	K	C	V	W	M	Y
R	U	F	A	R	U	A	Q	T	E	X	H	P	S	R	L	R	M	F	F
B	W	B	A	S	S		D	R	U	M	Z	Q	M	A	M	W	X	L	V
X	J	R	N	L	E	Q	P	Y	B	V	T	Z	V	G	U	G	O	H	J
G	O	Z	K	I	Q	K	C	S	E	S	Z	E	X	D	U	O	I	W	V
G	T	D	N	A	W	T	L	K	I	W	M	D	J	R	R	G	T	D	Q
I	T	W	M	A	A	D	J	M	L	O	W	Y	W		H	Y	P	E	S
Z	L	A	O	M	F	S	N	C	T	R	X	G	T		B	F	O	T	V
A	G	B	H	G	U	Y	J		U	G	Q	O	T	U	A	O	O	Z	V
O	L	T	R		E	X	M	D	G	X	M	O	X	V	T	O	U	D	T
B	D	Y	Q	V	-	U	R	U	R	V	M	G	P	R	L	I	V	L	S
Y	D	W	I	U	I		I	O	K	X	X	Z	E	J	Z	E	P	Q	M
P	Q	C	Y	D	E	D	I	U	U	Y	K	O	G	V	L	M	F	W	Q
Y	V	Y	E	T	P	O	S	H	Y	S	Q	H	V	C	A	A	V	G	U
P	A	M	B	A	S	S		P	E	D	A	L	Y	T	O	A	K	D	V
R	B	O	S	E	C	R	I	D	E		C	Y	M	B	A	L	N	Q	V
N	W	B	O	F	G	K	D	M	U	R	D		E	R	A	N	S	M	C
I	O	F	Z	E	R	P	V	R	F	H	X	I	L	S	B	W	E	Y	D

Cornet

BELL
FINGER RING
LEAD PIPE
MOUTHPIECE
RECEIVER
TUNING SLIDE
VALVE SLIDES
VALVES
WATER KEY

Vibraphone

CASTERS
CONTROLLER
DRIVER
FAN BELT
FRAME END
LEGS
PEDAL
PEDAL STAY
RESONATORS
TONE BARS

X	J	H	E	Y	T	H	P	W	Z	K	P	L	R	V	W	S	O	R	Y
D	E	G	U	K	F	Q	L	R	M	T	L	A	T	B	K	X	R	E	U
N	P	D	Q	S	P	G	O	B	O	Y	P	D	A	N	D	Y	J	S	J
D	W	I	R	C	Z	B	N	N	M	C	V	E	D	C	N	X	A	O	R
Z	A	I	D	K	I	L	E	O	A	G	I	P	H	A	E	L	D	N	N
B	J	X	N	P	A		R	O	O	P	D	P	U	C		L	D	A	Y
X	A	M	Q	G	B	Y	V	K	U	R	W	Q	T	S	E	N	B	T	Y
H	C	S	A	A	M	C	Z	J	U	O	V	F	R	W	M	U	X	O	V
E	J	C	R	K	R	X	V	L	C	C	V	E	I	U	A	R	X	R	U
C	B	S	Q	M	Z	S	D	L	V	B	T	D	V	R	R	E	D	S	Q
P	E	D	A	L		S	T	A	Y	S	O	Z	T	B	F	L	M	K	K
Q	H	K	G	H	X	K	H	Q	A	O	W	U	T	D	F	L	I	Y	C
A	X	L	E	G	S	H	J	C	O	B	D	I	M	N	V	O	O	T	L
J	R	L	J	B	T	L	G	A	O	R	K	O	Z	X	J	R	N	J	R
V	Y	L	N	C	G	T	I	D	Z	E	L	W	L	C	U	T	K	K	B
S	T	L	E	B		N	A	F	V	V	G	E	R	U	W	N	T	Z	Z
C	F	Y	Z	E	E	T	V	A	W	I	O	E	P	S	P	O	M	U	E
C	I	T	P	N	H	U	N	K	Q	R	H	Q	Q	J	H	C	T	G	X
A	M	S	H	I	Z	J	N	M	N	D	G	N	P	E	Z	S	Q	R	G
M	S	Q	E	Q	T	C	N	K	G	F	X	V	L	R	L	I	M	V	Z

Grand Piano

ACTION
BRIDGE
CASE
CAST IRON PLATE
HAMMERS
KEYBOARD
PEDALS
PINBLOCK
SOUNDBOARD
STRINGS
TUNING PINS

N	F	L	A	E	X	M	Q	I	Z	Q	H	W	Z	U	M	Z	W	A	I
H	H	Y	J	W	H	O	N	U	Y	Z	D	E	C	Y	D	T	X	P	J
S	E	B	H	H	Z	N	K	G	P	V	P	T	T	A	E	G	G	H	C
E	X	J	Y	W	J	A	N	C	U	B	Q	S	C	S	H	R	Q	A	D
F	Q	B	W	T	D	G	E	D	J	J	K	B	A	S	W	R	D	M	S
R	Z	T	I	S	H	T	W	T	J	Q	X	C	S	I	B	D	R	M	X
A	P	A	I	D	G	R	R	E	G	D	I	R	B	G	R	D	A	E	S
S	I	T	B	K	Q	R	W	V	N	K	J	I	Z	A	U	Q	O	R	H
K	B	I	H	A	C	T	I	O	N	E	C	R	H	Q	K	N	B	S	T
B	Q	L	P	P	E	B	A	W	V	I	R	O	K	G	C	N	Y	G	S
I	D	L	B	J	V	Q	V	K	N	R	M	L	L	Z	C	Y	E	V	E
B	U	S	U	Z	T	U	M	C	J	X	B	C	D	B	A	X	K	B	J
I	A	H	Q	Z	T	T	N	J	J	J	I	O	M	L	N	X	L	M	Z
N	E	R	D	R	A	O	B	D	N	U	O	S	H	W	T	I	G	X	J
L	N	L	N	T	U	N	I	N	G		P	I	N	S	X	T	P	Q	U
X	L	U	Y	S	G	N	I	R	T	S	B	L	K	P	E	D	A	L	S
K	C	T	U	L	P	E	S	O	X	N	F	Q	T	K	W	S	V	J	C
V	Y	W	L	V	E	T	A	L	P		N	O	R	I		T	S	A	C
V	Q	A	A	R	B	M	S	H	W	T	A	L	M	T	G	V	W	P	J
N	Z	B	M	O	B	D	R	J	O	M	G	I	Z	P	Z	E	R	X	W

Upright Piano

CASTERS
DAMPER PEDAL
FALLBOARD
KEY BED
KEY BLOCK
KEYSLIP
KNEE PANEL
LEGS
LID
MUSIC RACK HINGE
SIDE ARM
TOE
TOE RAIL
TOP FRONT PANEL

M	P	O	N	A	V	Q	M	Y	J	G	M	Q	R	N	B	T	Q	G	K
J	T	C	P	W	J	H	Q	V	D	I	L	R	T	F	L	N	E	C	L
T	P	N	R	J	M	L	X	V	F	G	F	N	A	S	X	Y	H	J	H
W	J	D	R	A	O	B	L	L	A	F	A	R	D		T	E	U	S	S
Y	S	L	P	C	I	E	D	P	B	X	H	E	T	R	E	C	B	D	D
W	H	D	E	X	F	B	K	T	X	J	X	E	R	S	F	D	W	M	U
Q	L	L	K	T	U	S	H	E	J	P	F	G	A	A	S	B	I	R	W
L	V	E	O	O	J	A	O	G	Y	U	S	X	G	O	Z	W	E	S	I
K	R	N	S	C	M	L	W	N	Q	S	V	M	X	I	E	C	Z	W	T
B	Y	A	F	G	K	V	N	A	Z	K	L	D	A	G	J	V	S	H	J
Y	T	P	Z	J	S	R	E	T	S	A	C	I	R	B	T	F	B	K	I
L	N		U	H	E	R	F	V	G	C	D	H	P	X	P	L	L	C	M
J	P	E	P	O	D	C	Q	L	I	A	R		E	O	T	W	S	O	A
C	U	E	T	R	G	E	N	F	T	K	E	Y		B	E	D	E	L	P
M	P	N	W	J	A	O	O	P	E	C	B	E	N	Y	F	L	R	B	E
P	Y	K	G	V	Q	C	G	P	L	D	A	Y	Q	C	E	D	L		W
D	A	M	P	E	R		P	E	D	A	L	Z	W	G	N	G	P	Y	O
N	A	S	Q	Y	Y	G	T	B	M	J	Q	V	S	Y	U	V	N	E	P
T	M	U	S	I	C		R	A	C	K		H	I	N	G	E	O	K	L
T	O	P		F	R	O	N	T		P	A	N	E	L	O	R	N	A	X

Violin

BRIDGE
BUTTON
CENTER BOUT
FINE TUNERS
FINGER BOARD
LOWER BOUT
NECK
PEG BOX
SCROLL
STRINGS
TAIL PIECE
UPPER BOUT

Bagpipes

BLOWPIPE
BLOWPIPE STOCK
CHANTER STOCK
CORDS
METAL FERRULE
MOUTHPIECE
NECK
TENOR DRONES
TUNING PIN

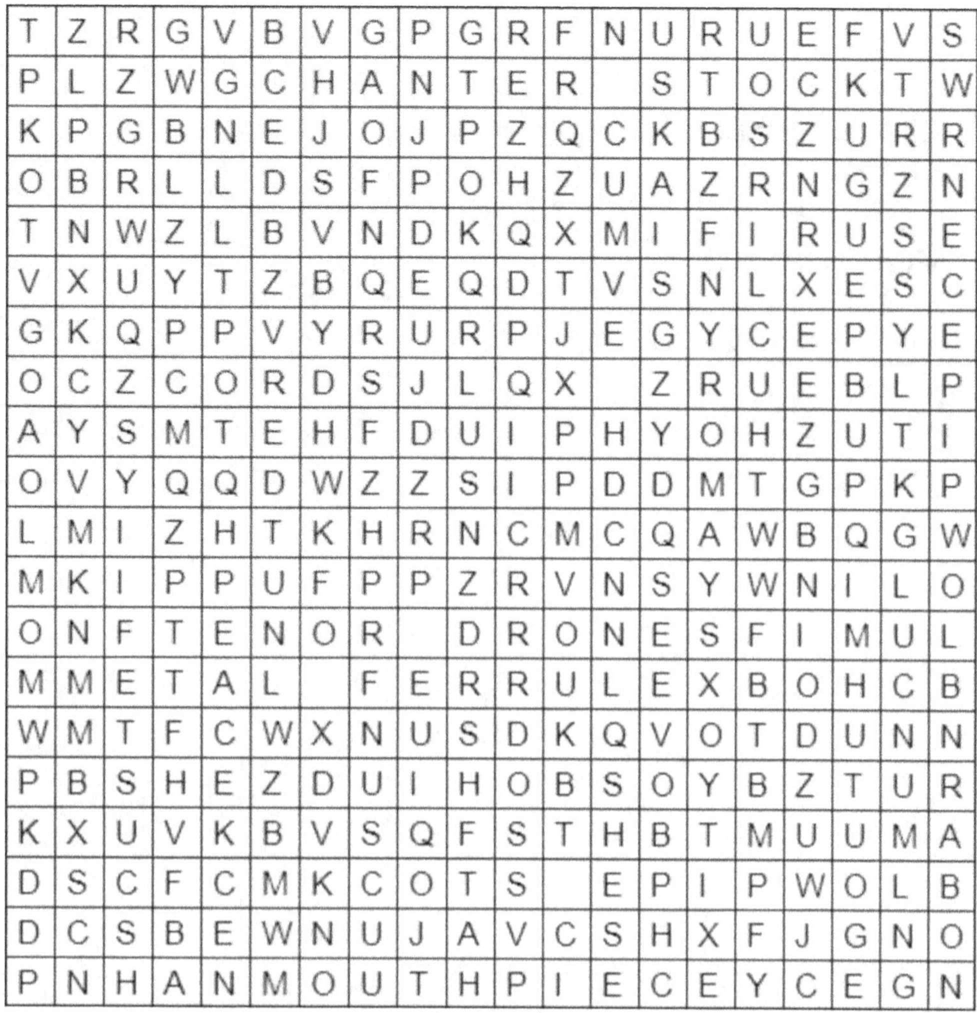

Saxophone

BELL
BODY
BOW
KEY GUARD
KEYS
LIGATURE
MOUTHPIECE
NECK
NECK CORK
NECK SCREW
OCTAVE PIN
SPATULA KEYS
TONE HOLES

O	N	X	J	M	S	U	L	R	F	K	F	B	U	B	Z	H	C	M	J
S	A	P	K	E	Y	C	H	I	J	B	A	S	C	F	S	F	S	R	F
L	Y	W	O	X	E	C	J	D	G	M	A	A	U	S	X	S	W	X	V
A	E	J	V	B	K	D	S	R	M	A	I	A	J	P	I	I	B	Q	O
N	D	D	N	A		B	Q	H	I	G	T	H	U	J	I	U	J	S	N
W	Q	W	Y	T	A	V	G	Q	A	C	C	U	L	R	M	Q	H	D	B
J	T	S	D	N	L	N	E	C	K		S	C	R	E	W	D	I	K	O
F	T	U	O	M	U	J	S	Z	K	S	O	F	Q	E	V	F	A	R	W
S	U	I	B	W	T	W	Z	Y	E	N	W	Q	U	R	N	F	Z	O	A
S	Q	N	E	J	A	N	K	C	Y	Y	J	W	X	B	K	S	N	C	F
Y	B	R	E	L	P	H	L	P		L	V	Q	D	K	E	S	X		D
E	S	R	F	C	S	T	T	N	G	O	M	L	R	L	P	P	V	K	Z
K	Z	Z	Y	N	K	Z	Q	P	U	C	F	F	O	T	J	P	U	C	N
G	D	S	F	V	Q	F	S	H	A	R	A	H	R	O	F	U	R	E	V
T	L	W	R	F	W	S	G	O	R	P		M	Z	Z	J	Y	T	N	Y
E	N	W	K	A	I	U	G	Q	D	E	V	Z	Z	A	W	L	O	Y	P
D	Y	V	B	G	A	Y	G	A	N	S	T	H	I	B	X	Q	A	G	U
L	T	D	B	L	O	A	S	O	E	C	E	I	P	H	T	U	O	M	H
N	S	A	L	B	T	U	T	V	C	B	E	L	L	D	H	W	M	T	H
C	M	I	N	O	C	T	A	V	E		P	I	N	X	C	K	W	E	T

Harp

BRIDGE PINS
FEET
HARMONIC CURVE
HIGHEST STRINGS
LOWEST STRINGS
SHOULDER
SOUND BOARD
SOUND BOX
T BRACE
TUNING PINS

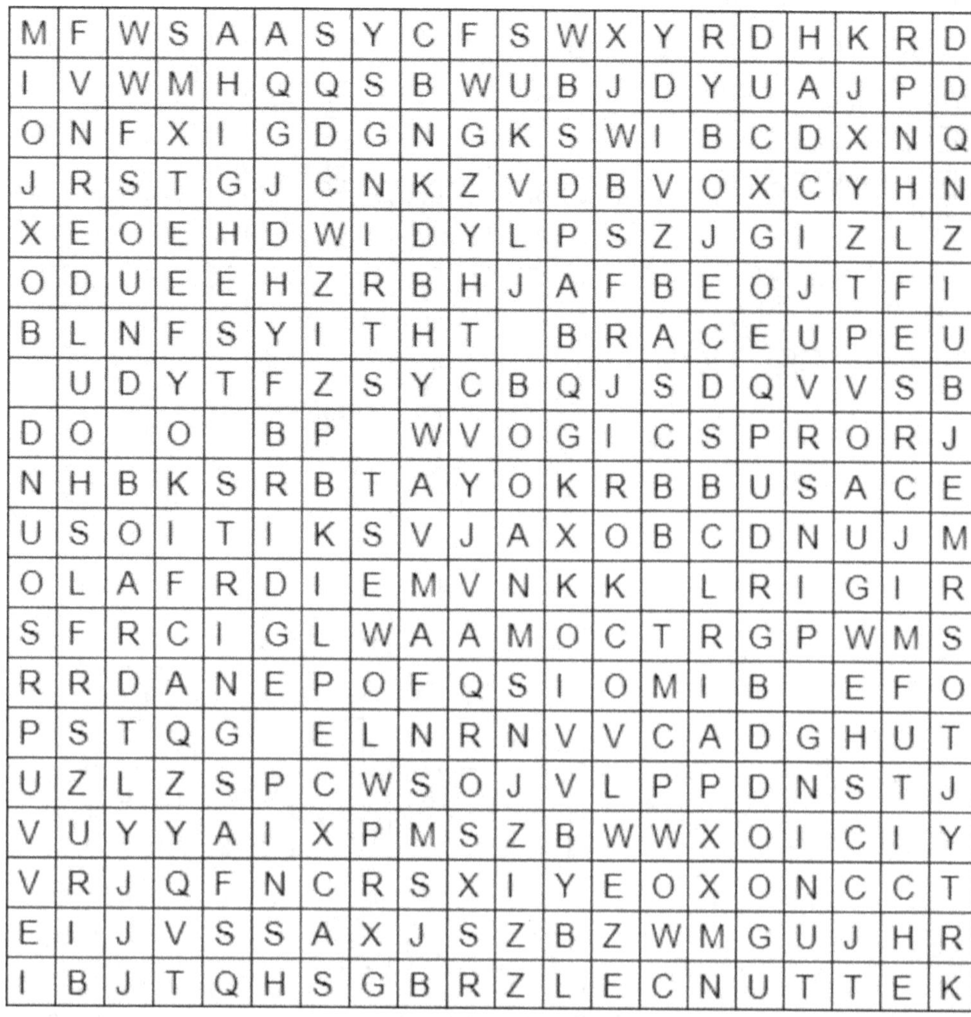

Accordion

BASS BUTTONS
BASS COUPLERS
BASS SECTION
BELLOWS
BELLOWS STRAP
GRILLE
PIANO KEYBOARD
TREBLE COUPLERS
TREBLE SECTION

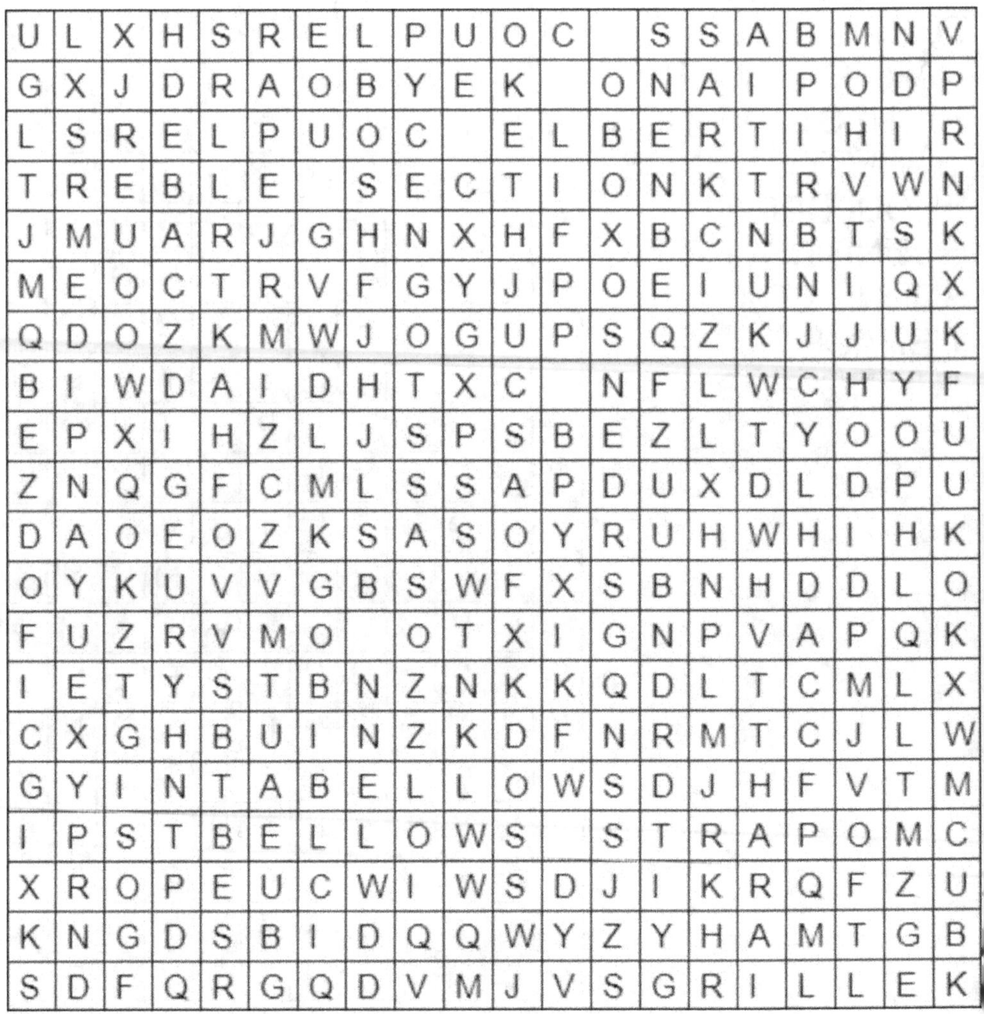

Banjo

ARM REST
BRIDGE
DRUM HEAD
FINGERBOARD
FRETS
HEEL
J - HOOKS
NUT
POT
RESONATOR
STRINGS
TAIL PIECE
TUNING PEGS

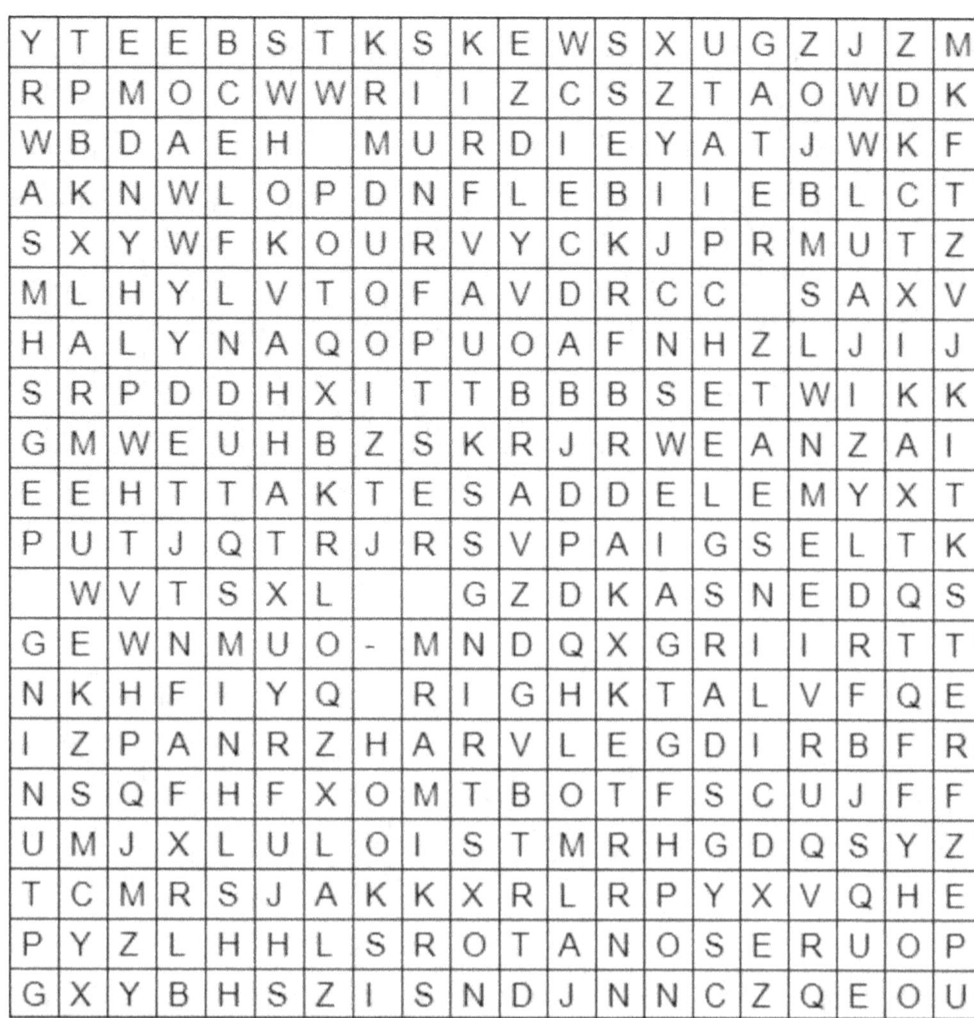

French Horn

BELL
BELL BRACE
FINGER HOOK
KEY LEVERS
MOUTHPIPE
ROTARY VALVES
SLIDE ASSEMBLYS
TUNING SLIDES

Mandolin

BODY
BRIDGE
FRETS
HEADSTOCK
NECK
NUTS
PICK GUARD
SOUNDBOARD
SOUNDHOLE
STRAP BUTTON
TUNER

H	O	P	K	Y	Y	C	E	D	R	A	O	B	D	N	U	O	S	S	N
V	C	A	H	B	H	L	P	L	J	V	E	M	A	W	X	S	I	Z	X
O	R	Y	S	W	G	L	F	Y	O	J	G	X	F	L	A	C	Q	F	C
M	A	O	O	C	Y	Y	C	H	R	H	S	R	D	P	Z	E	D	V	X
J	E	B	Q	B	M	F	D	Y	Z	A	D	Z	R	U	G	N	F	M	W
A	F	C	W	U	X	D	D	N	G	R	Q	N	A	Y	A	I	E	E	H
K	B	R	B	W	Z	C	I	Y	A	Z	C	H	U	X	M	E	K	M	I
S	C	D	E	K	C	O	T	S	D	A	E	H	G	O	S	A	O	G	X
T	N	E	N	T	G	O	N	A	Y	R	V	P		Z	S	L	E	Q	X
R	X	T	N	X	S	U	X	B	V	Q	T	M	K	G	L	S	F	L	E
A	S	U	D	I	L	V	U	L	A	A	K	M	C	H	M	S	F	W	K
P	F	Y	C	U	J	V	R	W	M	B	H	O	I	G	M	J	L	H	R
	A	H	M	C	Z	M	U	W	R	J	B	I	P	G	T	A	O	H	Z
B	M	B	X	R	K	H	R	O	J	T	E	O	L	T	X	C	W	F	B
U	E	P	Y	E	D	Z	Q	A	N	E	I	N	D	F	H	G	Z	Y	N
T	W	K	J	N	H	T	P	X	S	F	I	I	C	Y	U	G	M	B	S
T	W	Z	J	U	W	S	N	L	X	X	D	J	B	D	M	X	L	V	J
O	G	L	W	T	U	T	L	Z	A	K	U	H	R	K	K	C	A	E	O
N	K	A	P	R	J	U	Z	L	J	P	G	V	E	G	D	I	R	B	P
T	K	X	H	K	A	N	A	E	Y	K	A	I	L	S	D	G	M	T	G

Castanets

BRIDGE
EARS
HEART
LIPS
POINT
SHELL

Chimes

CHIME CORD
DAMPER BOX
DAMPER BOX
DAMPER PEDAL
DAMPER STOPPER
PEDAL RODS
SIDE COLUMN
TUBES
WINGBOLT

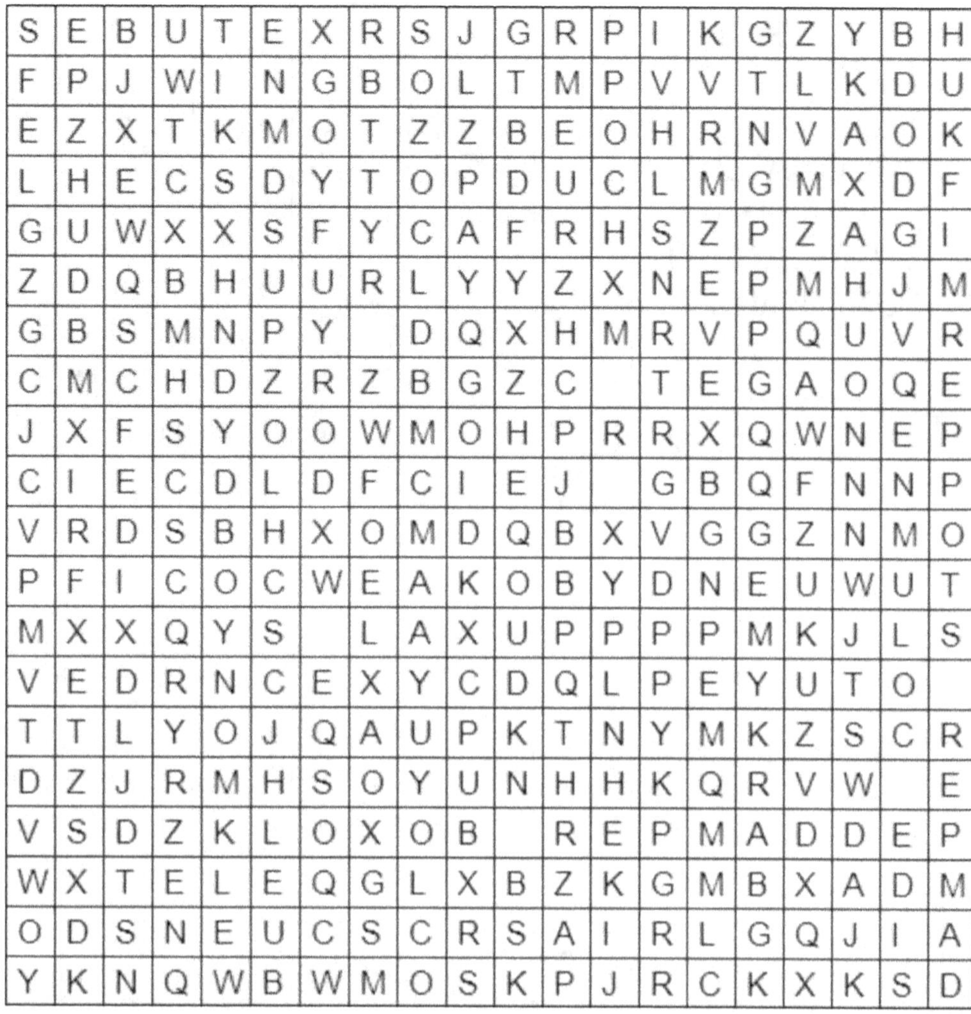

Marimba

FRAME ENDS
GAS SPRING
LEGS
RAIL
RESONATORS
SLANT SHAFT
SLIDE GUARD
TONE BARS

Guitar

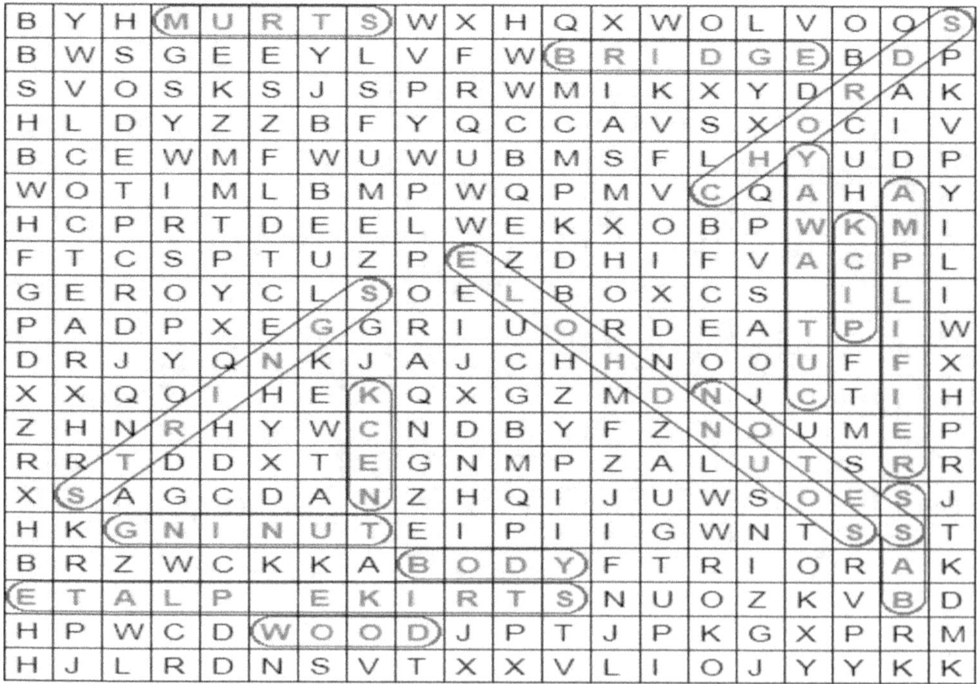

Flute

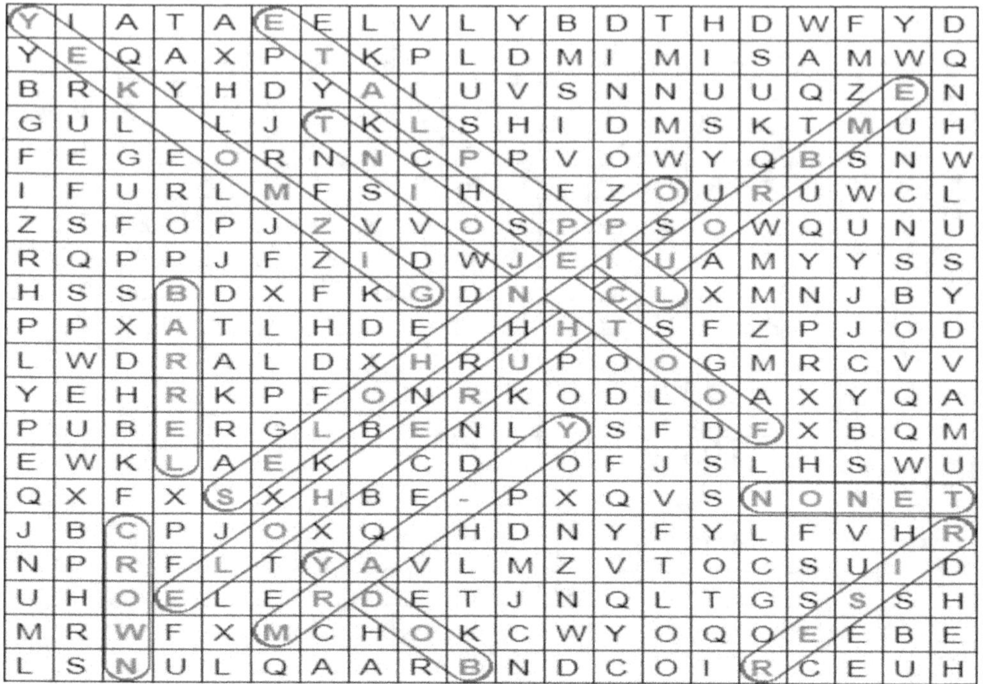

Clarinet

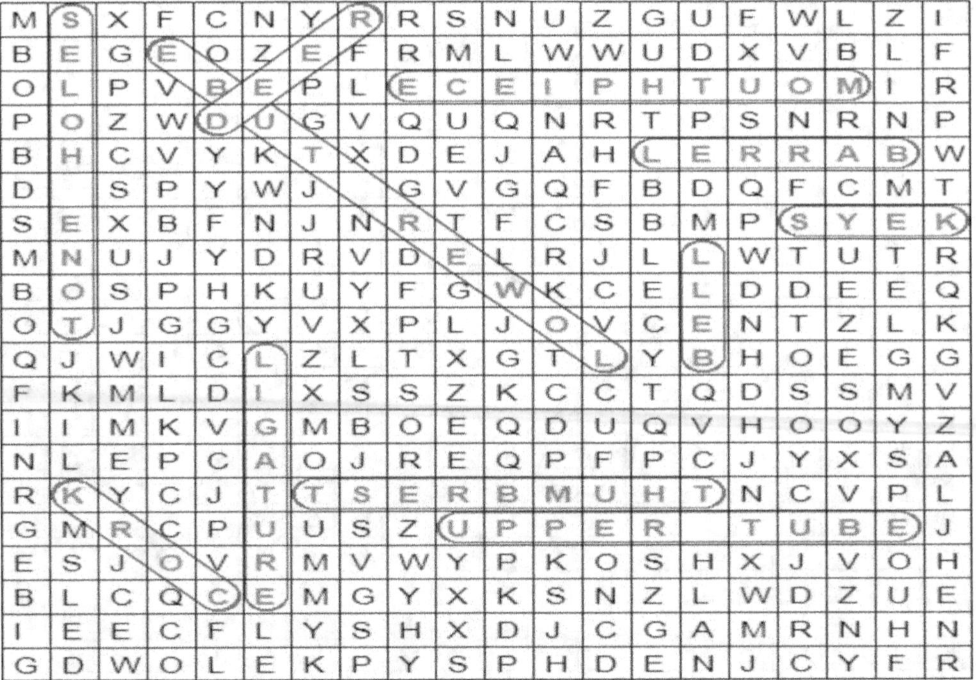

Trombone

Drum Kit

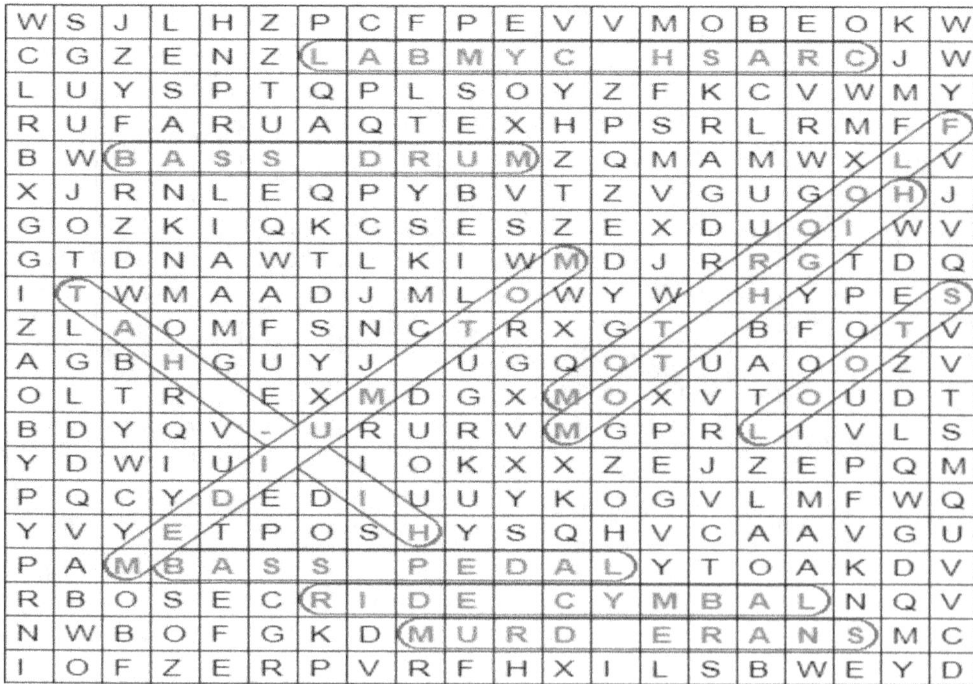

Cornet

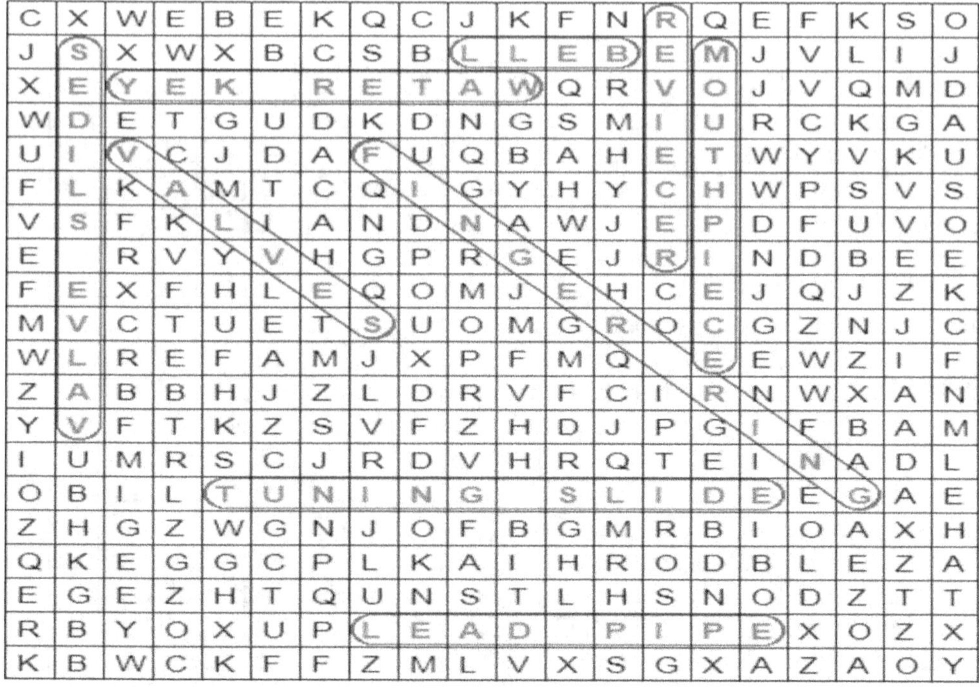

Vibraphone

Grand Piano

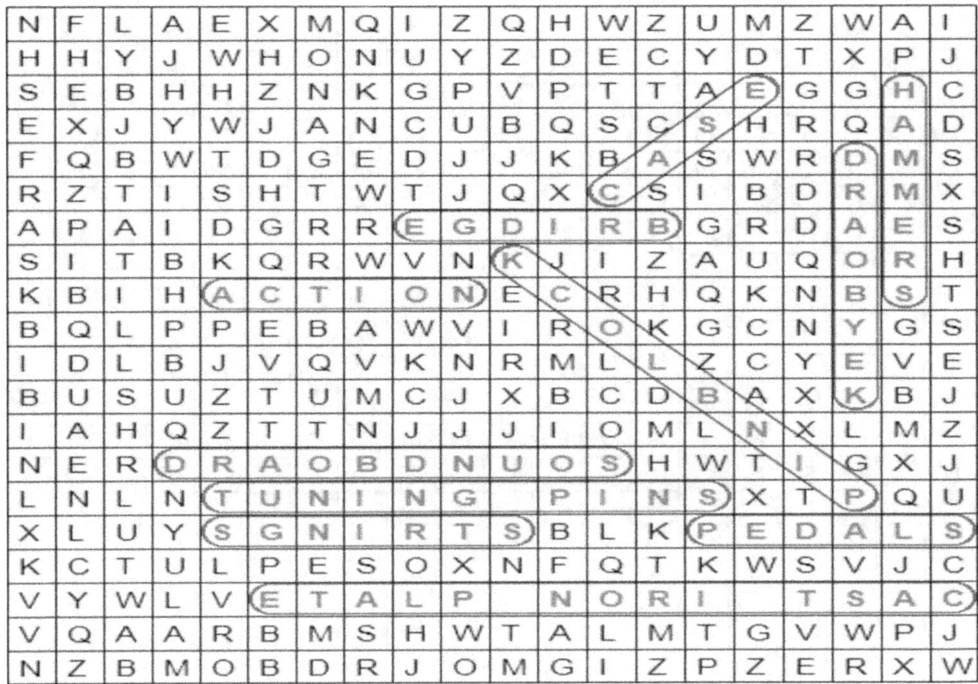

Upright Piano

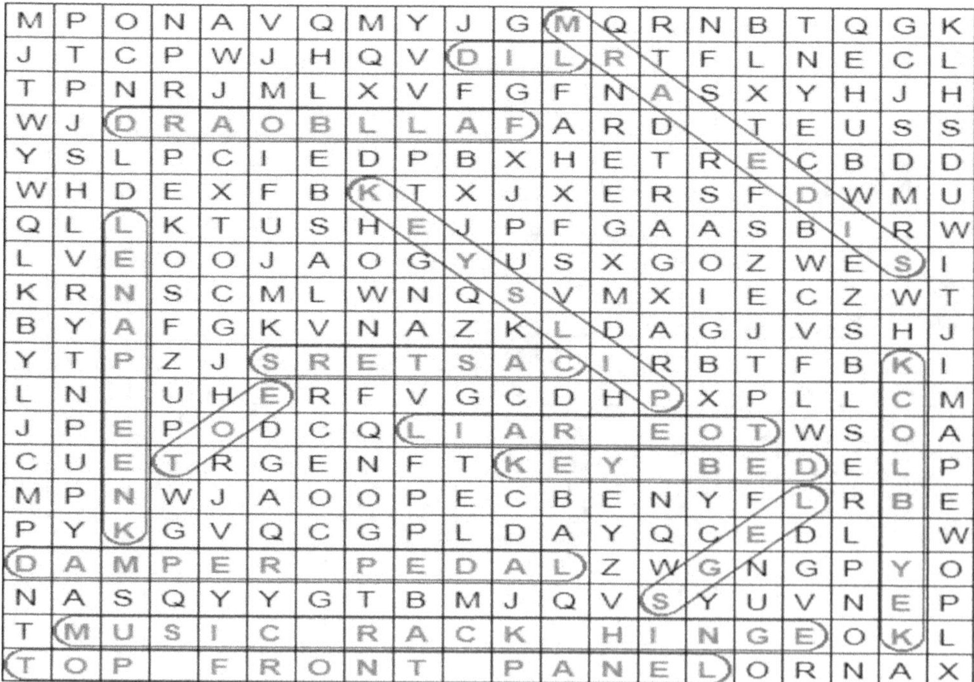

Violin

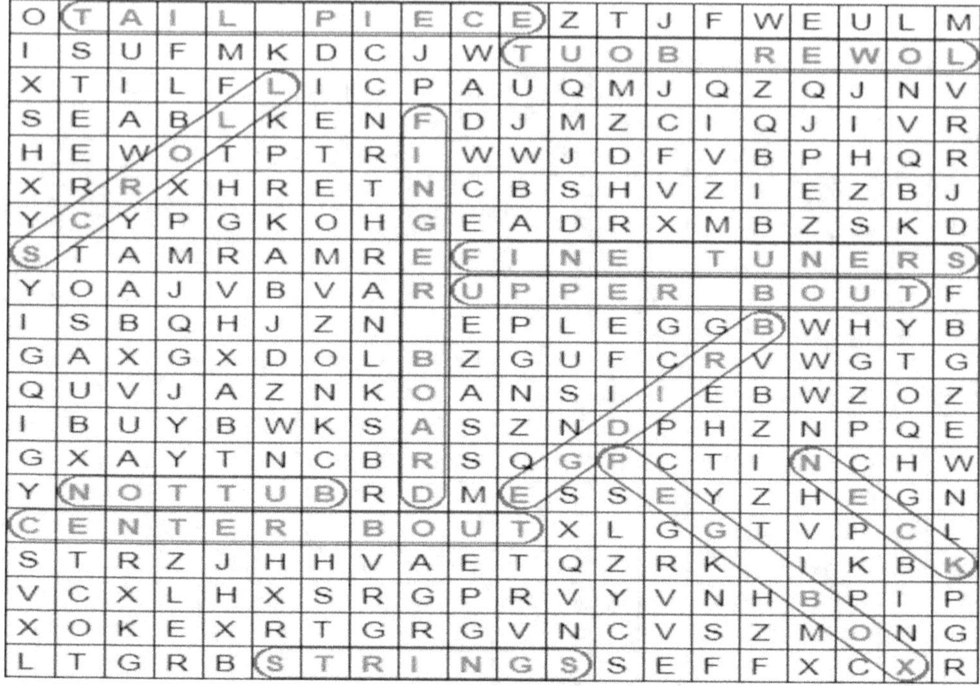

Bagpipes

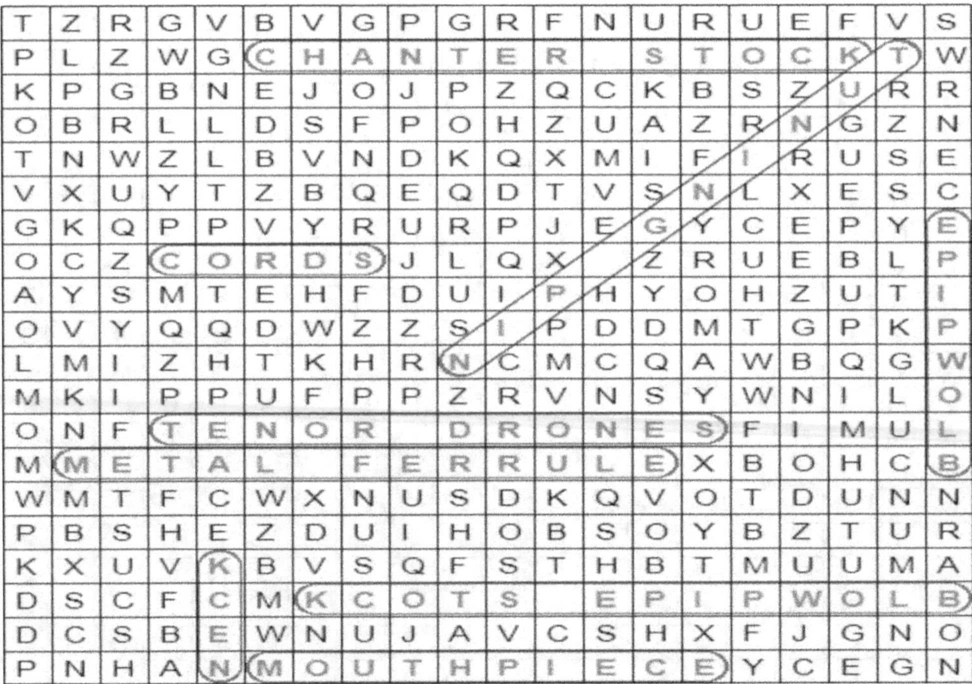

Saxophone

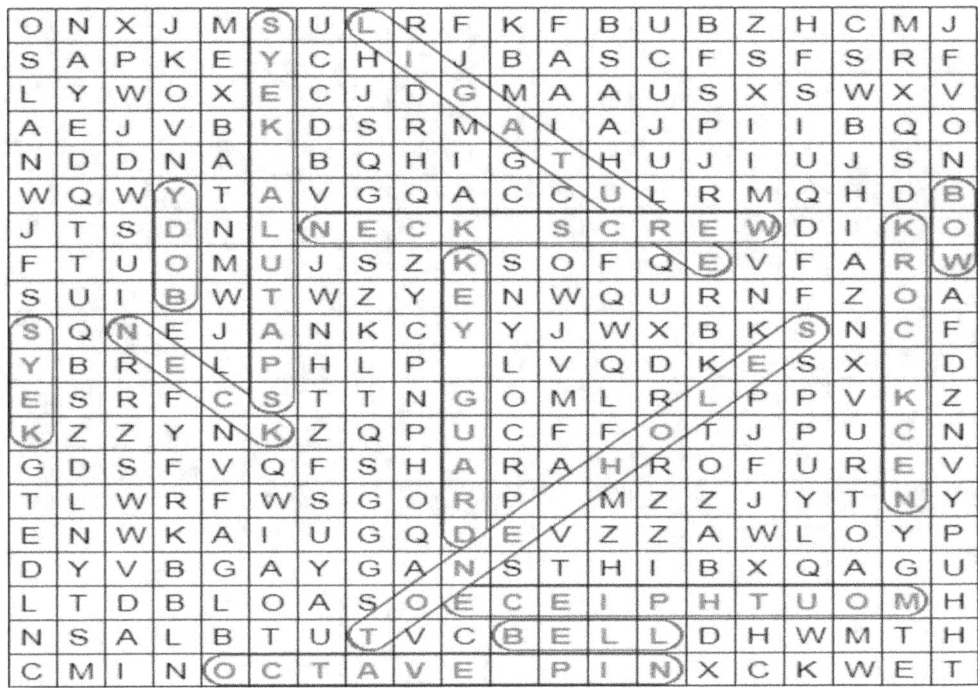

Harp

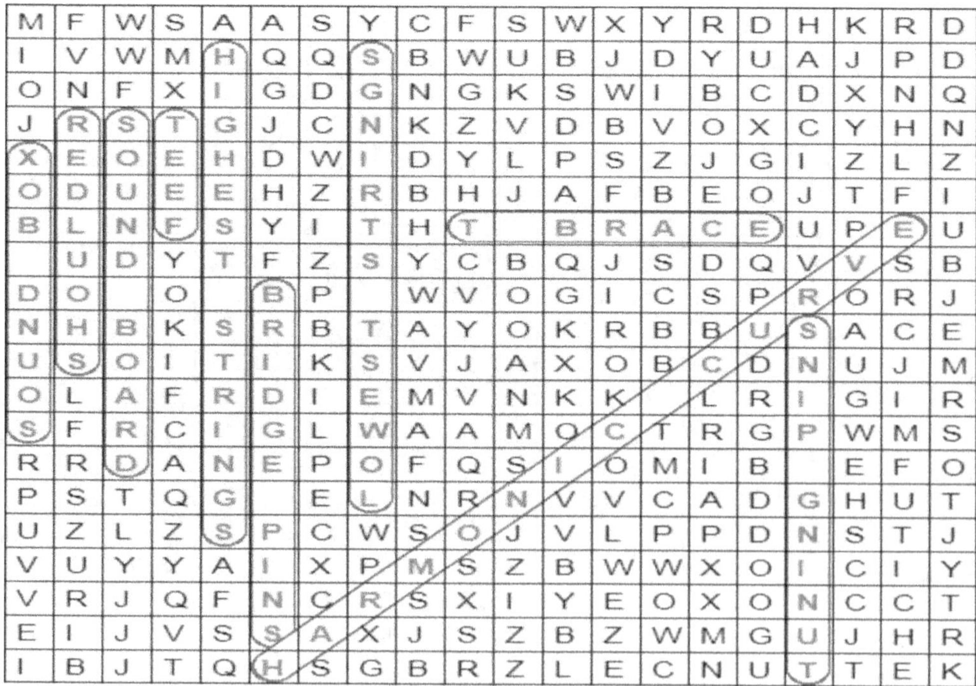

Accordion

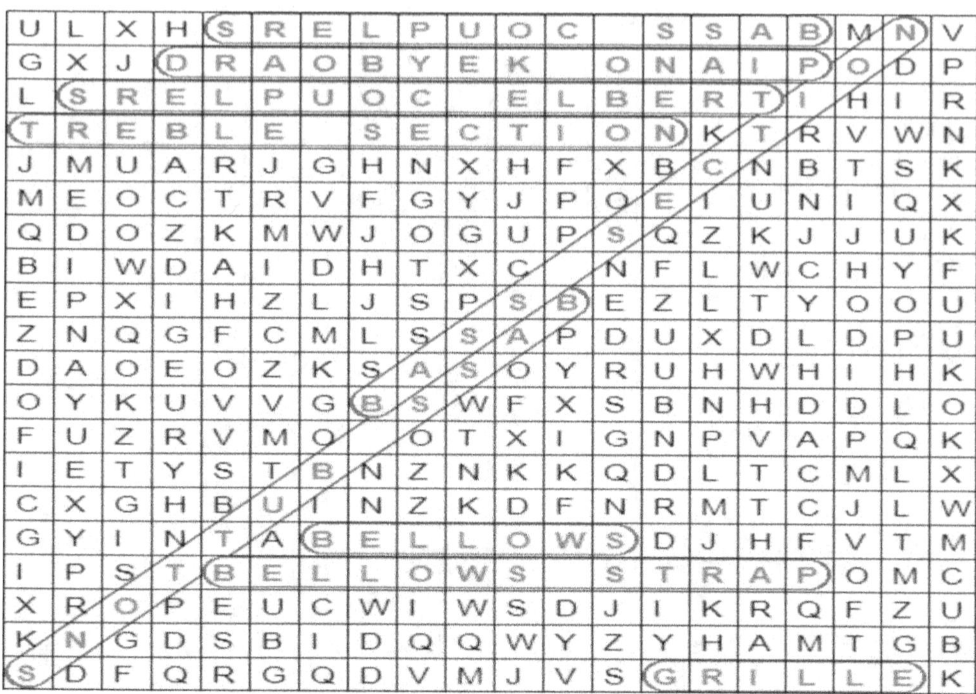

Banjo

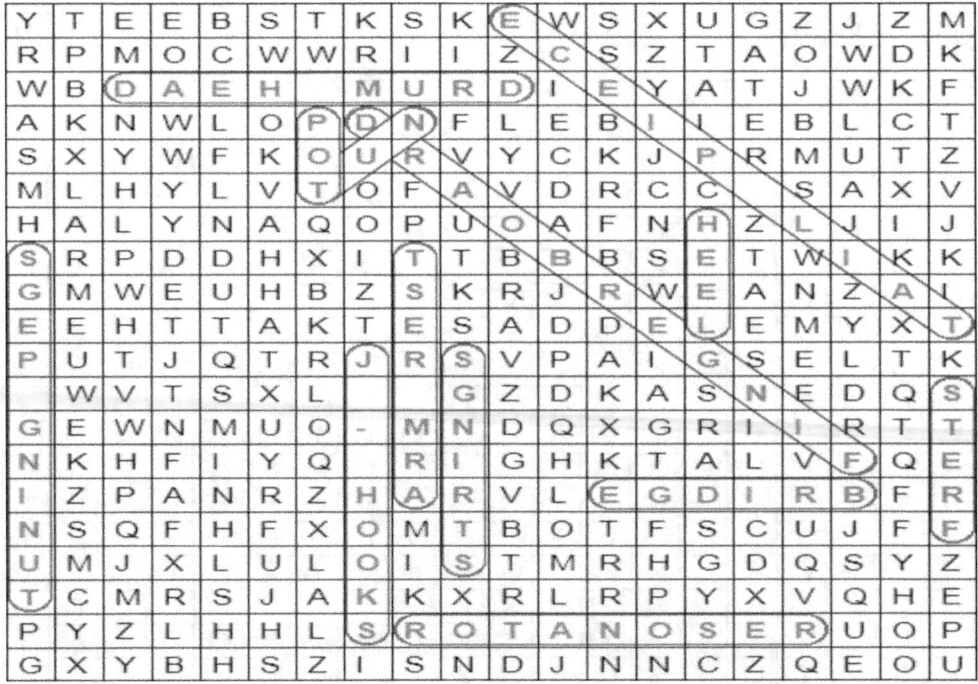

French Horn

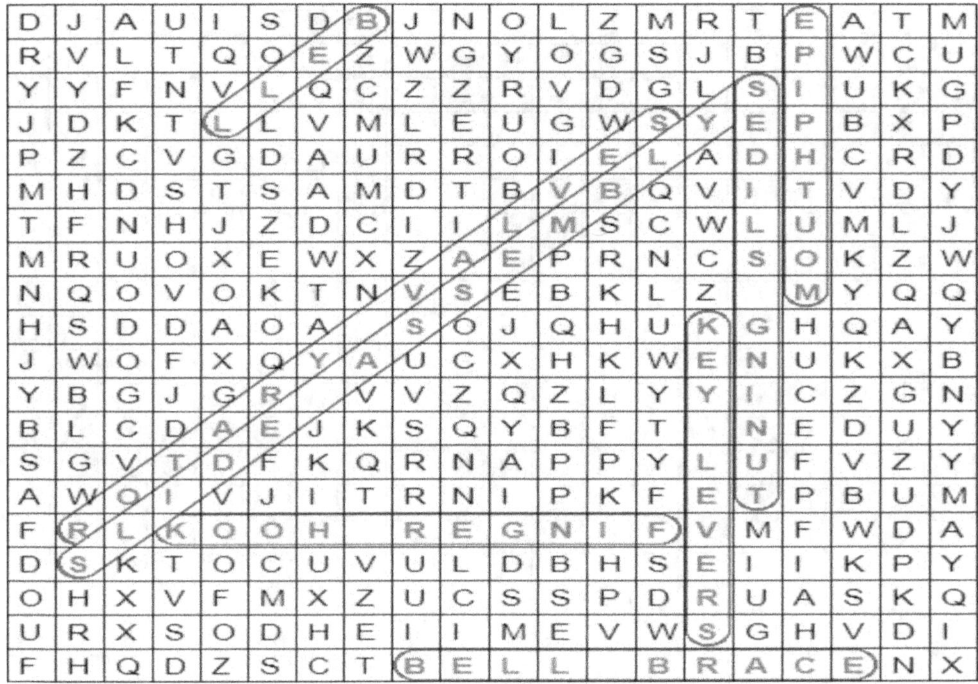

Mandolin

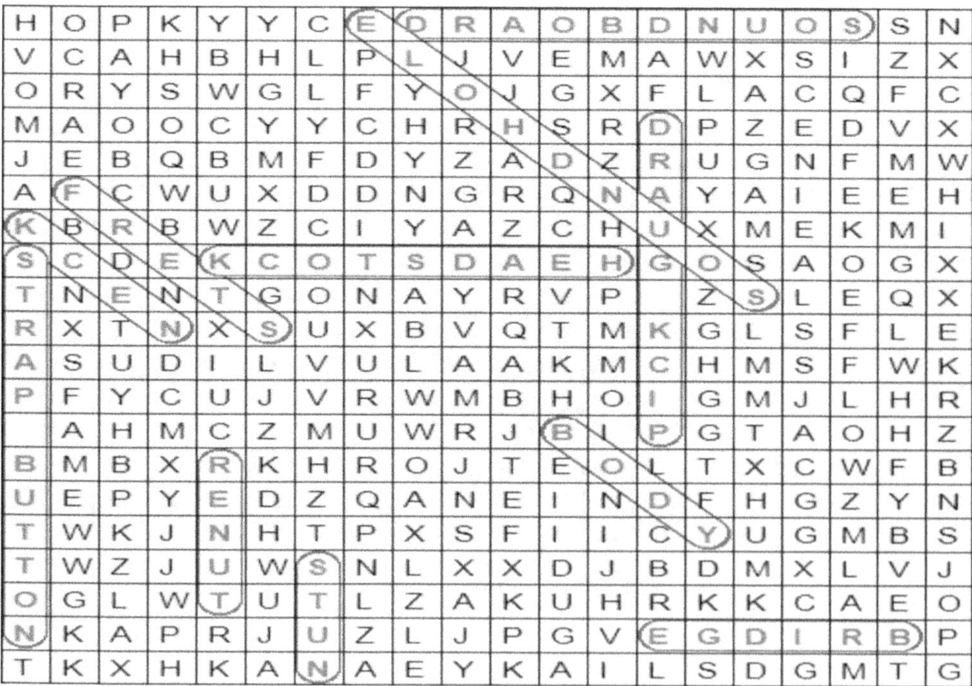

Castanets

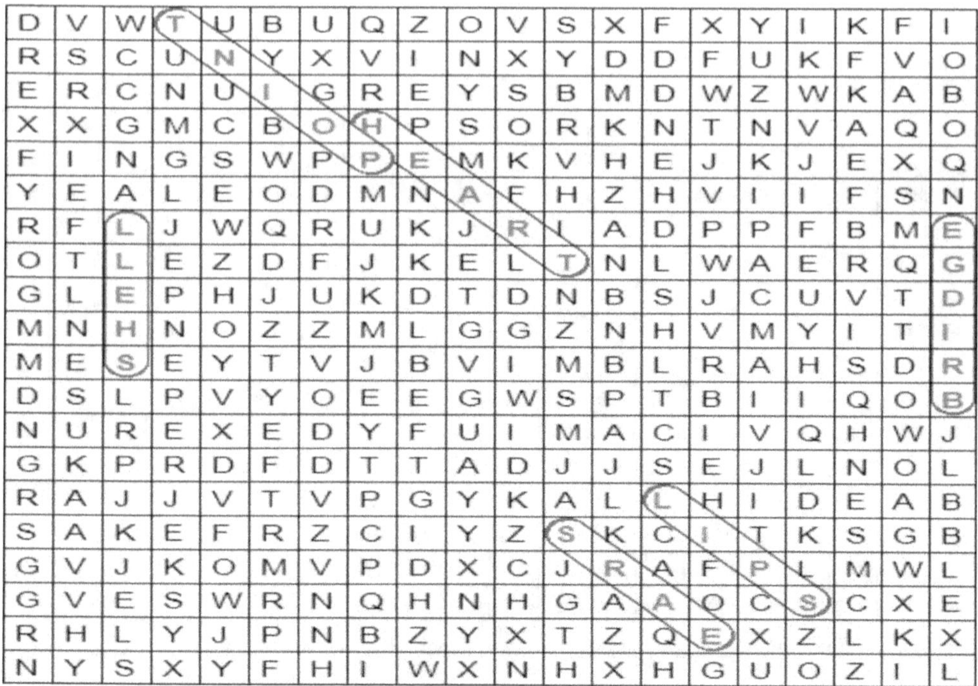

Chimes

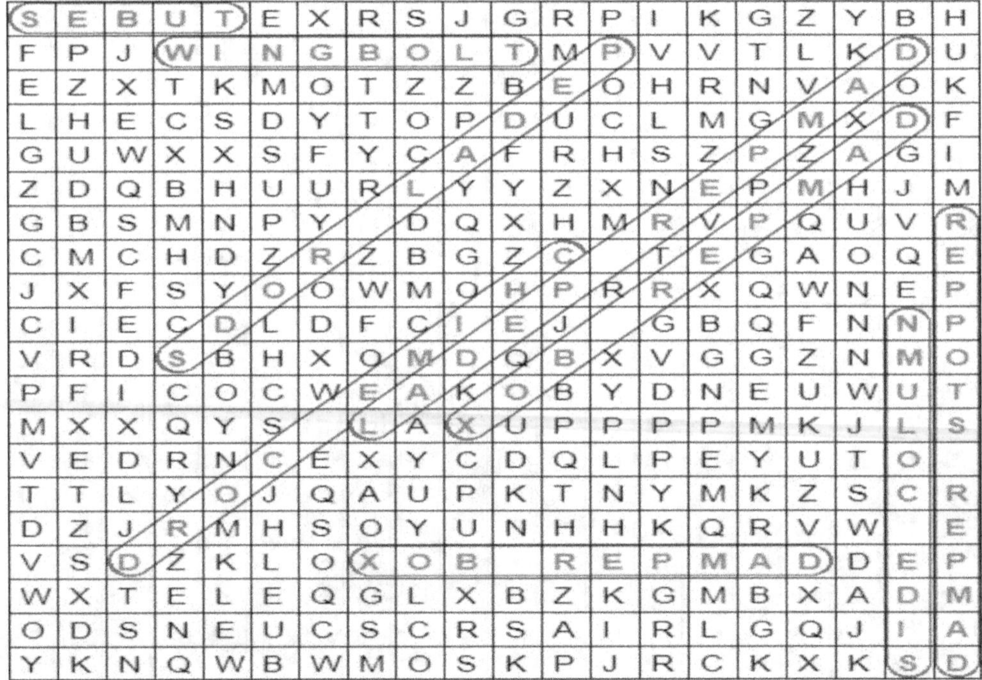

Marimba

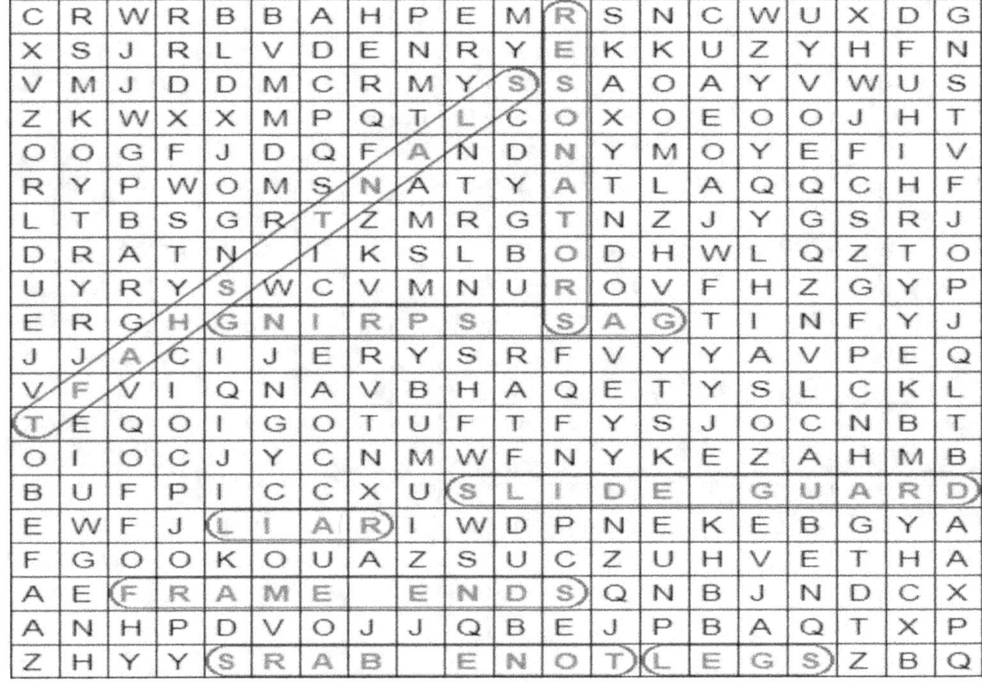